AF267513

FRANCE ET ALLEMAGNE

LA

VENGEANCE!!!

PAR

TIMON III

Auteur de l'Homme de Prusse.

Bruxelles,

EN VENTE CHEZ TOUS LES LIBRAIRES

JANVIER-FÉVRIER

1871

Bruxelles. — Impr. J. Cocquereau, rue des Charbonniers, 48.

LA VENGEANCE!!!

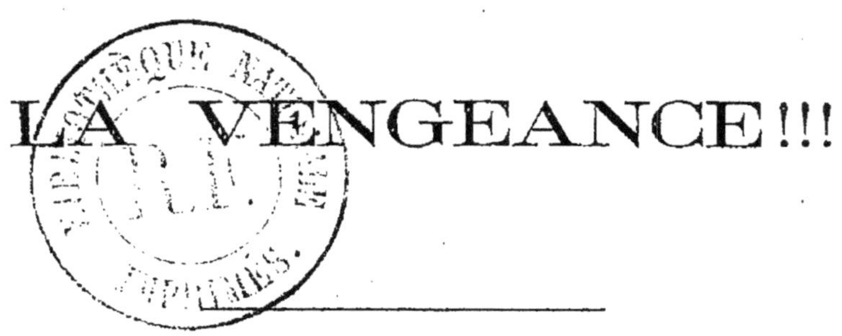

L'insomnie est au quartier général à Versailles ; il paraît avéré que dans cette malheureuse ville, repaire des barbares couronnés qui nous pillent, on dort très-peu mais qu'en revanche on réfléchit beaucoup.

A quoi peut donc bien réfléchir le chef de ces barbares, de ces *pieuvres* qui nous enlacent et qui sucent notre sang ? Le remords, par hasard, se serait-il glissé dans le cœur du roi de Prusse ? Ah ! tranquillisez-vous, fratricides Allemands, votre maître a le tempérament de ces hommes qui n'ont qu'un regret, celui de n'avoir pas été assez cruels, et d'avoir laissé vivre ceux qu'ils auraient pu tuer. Il y a des natures ainsi faites, et si l'on veut s'en convaincre, il est inutile d'aller chercher les exemples dans les temps reculés, il suffira de citer les noms des *Lacenaire,* des *Lemaire* de la Rosière, des *Dumolard,* des *Jouanneau,* et tout récemment des *Tropmann.*

Sans doute ces types du crime étaient guidés par l'appât de l'or, mais, croyez-le bien, leurs exécrables instincts auront encore primé leur cupidité.

En présence des crimes qui s'accomplissent pour ainsi dire, chaque jour, sur le sol de la France et dont les auteurs sont des généraux et des soldats allemands, rien ne peut m'ôter de l'idée que le roi de Prusse aura lancé des proclamations à ses troupes, leur recommandant le meurtre et l'incendie.

Voici probablement le langage de Guillaume :

    « Généraux, officiers de tous grades, sous-officiers,
    « caporaux et soldats,

« La guerre que nous poursuivons est une guerre d'ex-
« termination! Il faut que la France soit vaincue et
« écrasée; n'importe par quel moyen. Les temps cheva-
« leresques sont passés, les générosités, les courtoisies et
« les magnanimités royales affaiblissent la puissance des
« armées; il faut laisser ces puériles hochets à Amadis
« des Gaules.

« La lutte terrible que j'ai engagée doit se terminer par
« l'anéantissement de la France ou de l'Allemagne : la
« question est tranchée, il ne peut y avoir aucune hésita-
« tion de notre part; nous devons donc faire à la France
« tout le mal imaginable! Je le répète, il nous faut vaincre
« cette France orgueilleuse, il faut l'asservir et fonder à
« tout jamais un empire allemand qui devra, concurrem-
« ment avec le saint Empire moscovite, commander au
« restant de l'Europe.

« Courage donc! vaillants soldats, qui avez constamment
« soumis la victoire à votre volonté.

« Aujourd'hui plus qu'au début de la guerre, votre
« tâche est difficile et périlleuse; soyez à la hauteur des
« devoirs que vous impose, je ne dirai pas l'honneur, mais
« la nécessité de vaincre.

« Les scrupules et les raisons d'humanité sont des niai-
« series qu'il faut laisser aux français, et je ne doute pas
« que votre esprit et nos intérêts communs n'en fassent
« promptement justice.

« Volez, tuez, incendiez, violez même partout où vous
« porterez vos pas. Inspirez la crainte, l'épouvante et la
« terreur dans chaque ville, dans chaque village que
« vous occuperez. Affirmez la force brutale, sans égard
« pour les victimes que vous frapperez, que ces victimes

« soient des femmes, des enfants ou des vieillards, peu
« importe ; et sachez-bien que vos actes, que la France
« traitera de criminels et de barbares, seront plus saine-
« ment appréciés par l'Europe, qui verra dans les faits
« accomplis le gage d'une prompte délivrance et enfin la
« certitude d'une paix à jamais durable. »

Et dire qu'un odieux raisonnement de cette sorte trou-
verait créance auprès de la reine d'Angleterre, une
femme ! une mère de famille !

Dire encore que les hommes d'Etat, d'Italie, d'Espagne,
d'Autriche et d'Angleterre ne trouveraient pas d'expressions assez élogieuses pour féliciter le roi de Prusse de ses
excellentes recommandations !

Quant à Alexandre II et à son grand chancelier, le
prince de Gortschakoff, ils ne pourraient qu'applaudir
avec frénésie à des paroles aussi nettes, qui rappelleraient
si bien à leurs cœurs les infâmes ordres du jour des Mourawiew et des de Berg ! Bravo Guillaume ! Bravissimo
Bismarck.

Quoiqu'il en soit de ces proclamations, qu'elles soient
vraies ou supposées, il n'en est pas moins constant que la
guerre que fait injustement l'Allemagne à la France est
une guerre d'extermination, une guerre de brigands, de
conpe-jarrets et de d'assassins ; et je n'aurai aucune peine
à prouver aux personnes honnêtes, loyales et humaines,
que si le roi Prusse et le grand chancelier Bismarck,
tiercés de M. de Molke, n'étaient pas tous trois complices
des misérables qui volent et qui tuent nos compatriotes,
ils auraient déjà depuis longtemps installé des tribunaux
militaires pour juger et faire fusiller les *Cartouche* et les
Mandrin de leurs armées.

Il me répugne d'employer ici les expressions que j'em-
ploie, mais le dictionnaire de la langue française ne m'en
fournit pas d'autres pour exprimer ma pensée, et mon
indignation déborde !

Lorsque M. de Bismarck a répondu insolemment à M. Jules Favre, qui venait à Ferrières lui demander la paix ou tout au moins l'armistice, que nous ne pourrions obtenir cette paix qu'à la condition de lui livrer l'Alsace et la Lorraine, etc., etc., nous Français, nous avons répondu : Plutôt mourir que de commettre une pareille lâcheté, et, puisque vous voulez notre déshonneur, que la guerre se continue donc et que Dieu nous juge!

Aujourd'hui nous disons à Guillaume, à ses dignes associés, ainsi qu'à leur chancelier : Vous voulez la guerre d'extermination, faites-la donc cette guerre de cannibales! Eh bien! soit, la guerre sans merci, la guerre sans pitié! de votre côté la guerre des sauvages, la guerre des barbares! Quant à la France, elle est chevaleresque, elle est magnanime; elle répondra à vos cruautés par la patience et par la persévérance; de son côté vous trouverez la guerre par les armes courtoises, mais aussi la guerre par le mépris, la guerre par la haine, la guerre par l'isolement!

Ici je m'arrête, je ne veux pas démasquer toutes nos batteries; les choses viendront en leur temps, je vous montrerai, quand il le faudra, les derniers engins de guerre que nous emploierons pour vous vaincre et croyez bien que la suprême victoire, la vraie, sera pour nous, et alors nous pourrons vous dire : Si aujourd'hui nous recueillons la couronne du martyre, nous avons semé dans vos champs, pour l'avenir, les cyprès de vos tombeaux!

Je vous disais donc, au commencement de cette brochure, l'insomnie est au quartier général prussien à Versailles; je vous le répète, on dort fort mal à la cour d'emprunt de S. M. l'empereur d'Allemagne. Tout éveillé, on y rêve complots, surprises et assassinats, et, comme le défiant Louis XI, le Tourmenté Guillaume erre chaque nuit de chambre en chambre, cherchant un asile sûr. Tantôt il couche à la préfecture, tantôt il cherche à cacher ses appréhensions sous les lambris dorés du palais de

Versailles. Il ose à peine se choisir un lit, car ce lit pourrait bien devenir son cercueil!

Le nouvel empereur, croyez-le bien est rongé de soucis, il est dévoré par la peur, il est irrité par l'obstacle. Si l'on pouvait lire dans sa pensée, si l'on pouvait mettre son âme à nu, ah! les révélations qui s'en échapperaient, découvriraient bientôt toute la faiblesse de ce cœur perverti ; et sous les dehors d'une joie factice, sous le calme apparent d'une tranquillité mensongère, on verrait cet homme orgueilleux et méchant, trembler devant la possibilité de l'insuccès et redouter, avec effroi, l'heure fatale du châtiment mérité.

Le roi n'est pas le seul qui passe des nuits blanches : le lieutenant de ce farouche potentat, son conseiller habituel, cet homme pétri de fange dont on a fait un grand chancelier, un duc, M. de Bismarck enfin, ne dort pas précisément bien non plus. Qui diable peut troubler son sommeil d'innocence à celui-là ?

Je ne suppose pas que l'orgueilleux dignitaire ressente le moindre chagrin en voyant chaque jour tomber en France les milliers de victimes que moissonnent la mitraille et la maladie. Rassurez-vous encore, bénévoles Allemands, votre idole, votre fétiche, votre second maître a un véritable cœur de soldat, il comprend les choses de la guerre : calme et froid, il poursuit son chemin, il va droit au but et ne s'émeut de rien.

On aurait bien dû remarquer au début de la guerre le courage de cet homme inflexible. A la bataille de Wissembourg, malgré l'horrible carnage qui marqua cette fatale journée, le sang-froid du grand chancelier ne s'est pas démenti un seul instant, et si quelque chose me surprend, c'est qu'on n'ait pas lu à cette époque dans les journaux allemands un entrefilet rédigé en ces termes :

« Le brave colonel, comte de Bismarck, grand chance-
« lier de la Confédération du Nord, s'est distingué au der-

« nier point dans la glorieuse affaire de Wissembourg ;
« il a fait dépasser au courage humain les limites que lui
« a tracées la nature. Ne prenant conseil que de son
« intrépidité, il s'est élancé à la tête de ses cuirassiers
« blancs — personne n'ignore qu'il en est le colonel, — il
« s'est élancé, dis-je, au fort de la mêlée, semant la mort
« partout où l'entraînait son vigoureux coursier.

« Le bouillant colonel devint bientôt l'effroi de l'armée
« française, et un moment resté presque seul parmi les
« braves qu'il commandait, il allait s'élever au-dessus
« des gloires les plus renommées en s'emparant de tous
« les drapeaux de la division *Douai,* sans en excepter,
« comme de juste, le plus petit guidon, lorsqu'un éclat
« d'obus est venu le blesser grièvement !!! L'Allemagne
« est en émoi... «

Cet éloge d'une bravoure entièrement ignorée jusqu'à ce
jour aurait fait un merveilleux effet, et naturellement les
publicistes n'en auraient pas dit davantage.

Et pourtant il aurait bien fallu achever cet article ;
mais, pour cause, les journalistes eussent éprouvé un
embarras prodigieux, car il paraît que le colonel de ce
beau régiment de cuirassiers blancs a succombé à sa
blessure. Or, M. de Bismarck est vivant... Quelle énigme !

Je passe sur les considérations qui eussent arrêté les
feuilles allemandes, et je vous dis carrément :

« De Bismarck est tombé en héros ! Il est mort en
« brave !!!... en la personne de son remplaçant, un certain
« colonel prussien, qui se bat pour le grand chancelier,
« reçoit les horions qui sont destinés à celui-ci, et au
« besoin se fait tuer pour l'illustre homme d'État ; le tout
« moyennant un traitement fixe et des gratifications pro-
« portionnées à la besogne.

« On affirme que dans cette mémorable journée le
« *héros de Wissembourg* a eu deux colonels tués sous lui.

« De pareils exploits n'ont pas besoin de commen-
« taires. »

Il est probable que quand le danger est passé M. de
Bismarck caracole devant son régiment et donne à fond
de train dans les grandes revues.

Je fais trève à la plaisanterie plus qu'ironique que m'a
inspirée la poltronnerie du grand chancelier et j'avoue que
je le croyais plus brave ; mais il n'est que ridicule.

Je me souviens d'avoir vu ce prétentieux personnage
à son entrée dans la gare de l'Est, lorsqu'il vint à Paris
en compagnie du roi de Prusse, qu'il menait voir l'Expo-
sition universelle de 1867.

M. de Bismarck et le roi furent reçus à la gare par le
fastueux Napoléon III. Le grand chancelier avait l'air
dédaigneux et fier ; son regard hautain, fixe et pénétrant
devint tellement fascinateur quand il s'arrêta sur l'homme
du Deux-Décembre, que je crus voir celui-ci baisser les
yeux.

L'examen rapide que je pus faire en ce moment du
ministre de Guillaume m'avait donné une toute autre
opinion de son courage ou tout au moins de son esprit ;
aussi, en présence des événements militaires qui s'accomplissent, et au milieu desquels il avait sa place toute mar-
quée, je ne puis m'empêcher de lui crier : Rendez donc
votre épée puisque vous ne savez pas vous en servir !

Mais consolez-vous toujours, pauvres Prussiens ! M. de
Bismarck est vaniteux, il est vrai, mais il est prudent
aussi ; d'abord, parce qu'il est bon de vivre quand on est
grand chancelier d'un empire, et ensuite, parce qu'il se
figure qu'il est indispensable à votre bonheur et que, sans
lui, l'unité allemande serait compromise. Je pense même
qu'il voudrait bien vous faire accroire que le bon Dieu l'a
choisi pour poser la couronne impériale sur le front
diamanté du trop fameux Guillaume.

Ces dernières raisons, auxquelles assurément je ne

crois pas du tout, lui fournissent d'excellents prétextes
pour ménager sa peau.

En m'exprimant, comme je viens de le faire, sur le
cumul militaire et civil de l'homme de Sadowa, je ne
pense pas avoir commis la plus légère naïveté ; je sais fort
bien que, malheureusement, les rois, pour affirmer leurs
inqualifiables prérogatives, nomment généraux, colonels, etc., des membres de leur famille souvent incapables
au dernier degré ; leurs immunités n'oublient pas non plus
les vils flatteurs qui les entourent, et nous sommes obligés
de supporter tout cela ! Mais si nous ne pouvons pas
l'empêcher, je voudrais au moins que des soldats de
carton de cette espèce aient le courage d'exposer leurs
poitrines aux balles ennemies et qu'ils se souvinssent un
peu mieux que « noblesse oblige. »

Nous n'aurions plus alors devant les yeux le triste
spectacle des poltronneries d'un prince Napoléon à Sébas-
topol ou d'un Bismarck à Wissembourg.

Quoi qu'il en soit, revenons un peu à l'insomnie du
héros de Wissembourg.

Je pense bien avoir deviné avec beaucoup d'autres
personnes la cause de cette insomnie.

A mon avis, le grand chancelier est extrêmement
désappointé ; il était loin de s'attendre à l'énergique
résistance des Français. Il avait tout bonnement supposé
que nous étions suffisamment corrompus par vingt ans de
régime napoléonien, pour oser nous défendre après la
chute de Sedan ; mais maintenant que le faquin y voit
clair, il est mal à son aise : il jure, il tempête, il bouscule
tout le monde ; ce qui ne l'empêche certainement pas
d'avoir presqu'aussi peur aujourd'hui de la nation française, que l'Angleterre, l'Autriche et l'Italie ont peur de
lui ; et ce n'est pas peu dire.

Quand la victoire était facile quand il s'agissait tout
simplement d'envoyer en Allemagne nos malheureux sol-

dats vendus à Sedan par Napoléon III, Wimpfen et Cie, et à Metz par le traitre Bazaine, tout allait au gré des désirs de M. de Bismarck. L'*alter ego* de Sa Majesté prussienne se dirigeait d'un *cœur léger* vers la capitale du monde civilisé comme s'il se fut agi pour lui de passer en revue ses cuirassiers blancs.

A la première étape, à Ferrières, il indiquait fatuitement au correspondant du *Times* l'heure de la reddition de Paris, et, avec ce ton suffisant qui n'appartient qu'aux peureux qui se sentent bien entourés de baïonnettes pour les défendre, il osait dire, en parlant des armées que nous formions, qu'elles se composaient de petits groupes isolés incapables de se réunir et par conséquent de se battre.

Les choses ont bien changé depuis la première étape ; et si M. de Bismarck est arrivé à Versailles avec le cœur léger, il a dû sentir parfaitement que sa tâche était devenue insupportable ; de là les amères réflexions, les tristes retours vers un passé couleur de rose qu'on ne peut plus ressaisir ! C'est pourquoi le grand seigneur dort mal, très-mal, excessivement mal.

En effet, ce qui se passe à Berlin, dans toute l'Allemagne et notamment en France n'est pas précisément fort gai. Certaines nouvelles, que les journaux étrangers n'enregistrent qu'avec beaucoup de réserve, sont de nature à alarmer les petits princes allemands et à causer au roi de Prusse ainsi qu'à son éternel ministre plus de tourments qu'ils ne veulent paraître en avoir.

Le presse européenne, à l'endroit de la France, a bien rapporté par-ci, par-là, les menus détails d'atrocités commises contre nos frères par les troupes allemandes, mais, soit que les renseignements lui manquassent, soit qu'elle ait été retenue par la crainte d'attirer aux différents pays qu'elle représente les remonstrances menaçantes du grand chancelier allemand, elle a glissé sur des faits inouis que

l'on se refusera à croire si un jour des documents offi-
ciels ne viennent pas les confirmer.

Je vais faire en sorte de suppléer à cette lacune laissée
par la presse en citant d'une manière plus accentuée
qu'on ne l'a fait, des traits de barbarie déjà connus, et
j'en dévoilerai d'autres ignorés de la plus grande partie
du monde.

Voici un fait connu et démenti par les Prussiens :

Au siége de Strasbourg le général de Werder a osé
employer aux travaux d'approche de la place nos paysans,
nos nationaux de l'Alsace, en les forçant à rester dans les
tranchées sous le feu des remparts.

M. Keller, député au Corps législatif, a affirmé le fait,
et je crois M. Keller.

Selon moi cet acte d'inhumanité doit être une des causes
qui a gêné le général Ulrich dans la défense de Strasbourg.

AUTRE FAIT.—Les Prussiens ont maltraité, indignement
frappé l'honorable M. Valentin, le dernier préfet qu'ait eu
le département du Bas-Rhin. Ce fonctionnaire, ne pouvant
pas traverser les lignes allemandes, avait eu le courage
de franchir à la nage un des bras du Rhin sous le feu de
la mousqueterie badoise pour se rendre à son poste et
pour proclamer la république à Strasbourg.

Son dévoûment et son patriotisme ont valu à M. Valentin la prison et l'insulte : il fut fait traitreusement
prisonnier dans la ville qu'il venait administrer et les
Prussiens l'envoyèrent à la citadelle de Rastadt.

Pourquoi M. Valentin a-t-il été fait prisonnier de
guerre, lui administrateur civil, tandis que le général
Ulrich, le défenseur militaire, a été libre sur parole?

L'avenir nous renseignera à ce sujet.

Quelque temps après l'arrestation de M. Valentin on a eu
la douleur d'apprendre que les Allemands lui avaient fait subir de mauvais traitements et toutes les tortures possibles.

Les journaux allemands ont prétendu que M. Valentin

avait voulu soudoyer un gardien de la citadelle de Rastadt pour obtenir de lui qu'il fit tenir une lettre à un général français. Je ne crois pas un mot d'une fable aussi absurde, M. Valentin est trop intelligent pour s'être fié à nos ennemis et il connaissait trop bien leur méchanceté pour leur livrer une lettre. Le mensonge, l'astuce, la fourberie, la lâcheté sont choses familières à la plupart des soldats de Guillaume; on ne peut donc en attendre rien de bon. A la fin de la guerre nous saurons ce que les Prussiens auront fait de M. Valentin.

Vous parlerai-je de la destruction complète de Bazeilles, près Sedan; cela est superflu, car tout le monde sait aujourd'hui que cette malheureuse commune a été bombardée et réduite en cendres parce que des francs-tireurs et d'autres troupes s'étaient postés dans les maisons pour combattre les envahisseurs.

On aurait compris que rigoureusement les Prussiens se fussent vengés sur le champ, mais c'est trois jours après l'accomplissement des faits ci-dessus énoncés que les Allemands sont revenus, froidement incendier les maisons et commettre les actes de violence les plus condamnables! M. de Bismarck! ordonnez donc une enquête afin d'élucider la question. Mais vous ne le ferez pas.

Au commencement de la guerre, Bismarck daignait répondre aux accusations portées par nous en raison des sévices et des cruautés commis par les troupes prussiennes, alors il ignorait que Bazaine capitulerait lâchement comme il l'a fait; mais aujourd'hui que le masque est entièrement levé et que le chancelier pense que ses coups ont à peu près réussi, cet homme de *rien* se croit dispensé de tous égards envers la France.

Il y a beaucoup de forfaits à la charge de nos ennemis :

Par exemple, dans le département de l'Oise, la femme et l'enfant d'un officier de francs-tireurs sont assassinés par des soldats allemands, la malheureuse femme aura sans doute été violée avant d'être tuée ! Je me demande ce qu'auront pu faire un pauvre petit enfant de trois ans et sa mère pour avoir subi le dernier supplice?

Autre trait. — A la fin du mois de décembre, des hulans entrent dans un village des environs de Nuits (Bourgogne); ils déchargent leurs fusils sur la population inoffensive, ils tuent, ils blessent des femmes et des enfants! Pourquoi?

Au commencement du mois dernier la faible garnison prussienne qui se trouvait au fort de Ham (Somme), a tiré sur un parlementaire français et l'a tué; de terribles réprésailles ont eu lieu, dit-on, quelques jours après, de la part des Français.

Avant cette fatale et ignoble guerre qui décime aujourd'hui deux nations, si l'on avait écrit dans un journal qu'une des parties belligérantes avait tiré sur un parlementaire, toute la presse se serait levée comme un seul homme pour flétrir et condamner un fait aussi criminel, et la nation coupable eût été déshonorée.

Un seul fait de cette nature a été reproché à l'armée de Paris. Des informations prises, il résulte qu'un homme inexpérimenté au métier de la guerre a tiré, non pas sur un parlementaire prussien, mais a déchargé son arme au moment où celui-ci retournait à son poste. Il n'avait pas été visé.

Mais la Prusse a su faire accepter en ce qui la concerne, cette infâme violation des lois de la guerre, en fixant l'attention des philanthropes sur des crimes bien autrement odieux.

Encore un autre trait de lâcheté. — Dans la Normandie, du côté de la forêt de la Londe (Eure), un bataillon de troupes allemandes a été attaqué, le 31 décembre dernier, par les Français. Nos ennemis ont feint de n'être pas en force et se sont empressés de faire signe qu'ils désiraient cesser le feu et par conséquent se rendre. La position du terrain permettait de croire qu'ils étaient sincères, les officiers prussiens avaient même présenté le pommeau de leurs épées. Les Français, trompés par cette promesse de conciliation, arrivèrent au pas de course vers le bataillon ennemi qui, alors, démasqua des forces dissimulées; et tous se précipitèrent sur nos mobiles bien inférieurs en nombre et les tuèrent à bout portant. Les Prussiens appellent de pareilles lâchetés, des ruses de guerre.

Quand le roi de Prusse aura envoyé à Berlin le télégramme relatant ce beau fait d'armes, Mme Augusta aura dû rire de bon cœur.

Il lui faut bien, à cette chère dame, de temps en temps des plaisanteries de ce genre pour égayer son veuvage forcé.

Voici maintenant un fait peu connu, je crois, et qui s'est passé entre Mézières et Sedan, quelque temps après la reddition de cette place. L'épisode que je vais raconter est un des plus émouvants qu'ait fourni la guerre actuelle; je la tiens d'un témoin oculaire. Le préfet des Ardennes a envoyé au ministre un rapport officiel des faits. Le récit que j'ai entendu m'a rempli d'épouvante, écoutez :

Ainsi que je viens de le dire, après la chûte de Sedan les Prussiens se sont emparés de tout le pays, et se sont conduits non seulement comme en pays conquis, mais comme des voleurs de grands chemins et de vils assassins pourraient seuls le faire.

C'était vers la fin du mois d'octobre, le 27 ou le 28, trente ou quarante Allemands, soldats de la Landwer et commandés par un bas officier, se présentèrent dans le village de Neuville situé à peu de distance de Mézières.

Ces braves gens venaient dans le village pour procéder à leurs réquisitions habituelles, — c'était la *dixième fois* que ce village recevait les hordes prussiennes; — comme ils appartenaient à la Landwer, on les reçut sans défiance. Effectivement, les soldats de la Landwer sont gens de commerce, établis, et la plupart sont mariés et pères de famille; que peut-on craindre de la part de personnes aussi respectables? Rien, assurément.

Voilà comment se sont conduits les honnêtes gens dont je viens de vous entretenir.

L'officier et les soldats demandèrent d'abord cent rations pour eux, plus, des fourrages ou avoines pour des chevaux qui n'étaient pas là, et enfin des charrettes attelées pour emporter les provisions demandées. En outre, ils exigèrent une somme d'argent assez forte.

Le village en question n'est pas riche, et d'ailleurs il est probable que les habitants avaient envoyé en lieu sûr leur argent et leurs bijoux, dans la prévision des visites que pouvaient leur faire le ramassis de gens sans aveu qui désolent la France. Aussi la contribution exigée dépassait les ressources du moment. Un M. Bouxin, adjoint au maire de la commune s'adressa au chef de l'escouade et lui offrit la moitié de la somme réclamée; celui-ci allait probablement accepter lorsqu'un événement imprévu l'en empêcha.

Les habitants s'étaient empressés d'apporter sur la grande place les denrées et les fourrages qu'ils devaient fournir, lorsque tout à coup un hulan qui avait été placé en vedette à l'entrée du village, accourut précipitamment vers le détachement en criant qu'on avait tiré des coups de fusil sur lui.

Sans vérifier l'exactitude du fait, l'officier et ses hommes sortirent en toute hâte de Neuville, laissant là les provisions et l'argent mais promettant, la menace à la bouche, qu'ils ne tarderaient pas à revenir.

Pourquoi ces terribles menaces? Parce que, soi-disant, des francs-tireurs auraient tiré sur les Prussiens pendant que ceux-ci dévalisaient les habitants de Neuville! Mais que feraient donc, s'il vous plait, les locataires d'une maison, si une bande de voleurs s'y introduisait pour les voler et les assassiner? Il est probable que les susdits locataires ne dédaigneraient pas le secours que viendrait leur prêter un voisin charitable; surtout si, par suite de convention, il leur était interdit de se défendre.

Mais non : la force prime le droit et il faut s'incliner devant les misérables dont les frères sont à *Botany-Bery* et à Toulon.

Les Prussiens tinrent parole, et le lendemain ils revinrent en très-grand nombre, — on parle de 2,000 hommes, — et se répandirent tant dans Neuville que dans les hameaux et communes environnantes. Leur premier soin fut de s'emparer de M. Bouxin, qu'ils attachèrent à la sous-ventrière d'un cheval après lui avoir lié les mains, ils le conduisirent ainsi devant une espèce de conseil de guerre siégeant, je crois, dans la maison de l'instituteur. Les juges, composés de capitaines, d'officiers inférieurs et de caporaux, voulurent forcer M. Bouxin à leur désigner les francs-tireurs qui, suivant eux, avaient dû tirer la veille sur leur sentinelle. M. Bouxin ignorait absolument quelles étaient les personnes qui avaient, soi-disant, fait feu sur le hulan en vedette, car il n'avait même entendu aucune détonation.

L'aréopage prussien prétendit que le malheureux adjoint voulait cacher les francs-tireurs, et pour le forcer à parler, un misérable gredin d'officier allemand le fit conduire sur la place du village : d'un vigoureux coup de poing il le renversa par terre, et ordonna aux soldats de lui appliquer cinquante coups de bâton sur les reins.

L'exécution eut lieu immédiatement; ensuite on ramena devant le tribunal inquisitorial le pauvre condamné, qui souffrait plus encore de sa colère impuissante que de l'ignominieuse flagellation qu'il venait de recevoir.

Le même capitaine qui avait lâchement frappé M. Bouxin, lui mit de nouveau le poing sous le nez et hurla ces brutales paroles : — Parleras-tu maintenant, chien de Français? M. Bouxin ne pouvait pas plus nommer les *coupables* à ce moment qu'avant d'avoir été martyrisé ; sur sa réponse négative, il reçut encore un coup de poing de l'ignoble capitaine qui l'avait déjà frappé, et fut reconduit sur la place pour subir une deuxième bastonnade.

Après cette seconde exécution, l'adjoint fut encore ramené devant ses juges implacables et, cette fois, on exigea de lui la remise immédiate de mille francs, qu'il dût aller chercher chez lui et dans le village. Il remit cette somme aux détrousseurs de grands chemins qui déshonorent les armées allemandes, et il fut rendu à la liberté.

Quelques heures après, le maire de Neuville se rendant à la maison commune, fut rencontré par quatre hulans, qui lui demandèrent s'il connaissait le maire, celui-ci répondit : C'est moi. Alors les hulans le saisirent, lui lièrent les mains et l'attachèrent à la queue d'un cheval. Le cavalier partit au trot et le pauvre patient, vieillard de 79 ans, ne tarda pas à tomber à terre et à être traîné impitoyablement, sans égard pour ses souffrances.

Un des hommes féroces qui torturaient ainsi le premier citoyen de Neuville en eut pitié et le détacha. Sur ces entrefaites plusieurs officiers prussiens, parmi lesquels se trouvait l'infâme capitaine, bourreau de M. Bouxin, vinrent à passer. Ils s'arrêtèrent devant le groupe et ayant appris que le vieillard qu'entouraient les hulans était le maire du village, ils lui enjoignirent de nommer les gens qui, la veille, avaient tiré des coups de fusil. Le pauvre homme ne pouvait pas plus répondre à ce sujet que M. Bouxin; alors les inquisiteurs de Guillaume eurent le courage de jeter à terre le pauvre vieillard sans défense; le capitaine que nous connaissons déjà, lui asséna un coup de poing sur la tête et ordonna à ses soldats de lui appliquer cinquante coups de bâton.

Les exécuteurs, officiers et soldats, poussèrent ensuite devant eux le malheureux fonctionnaire et lui ordonnèrent de les conduire à sa maison. Celui-ci obéit. Arrivés devant la maison la bande s'arrêta. Un des officiers dit au maire : Vous devez avoir de l'argent ; celui-ci répondit qu'il en avait peu et présenta à son interlocuteur son porte-monnaie et celui de sa fille. L'officier les mit tous deux dans sa poche.

Après un moment de silence, la troupe exigea du maire une somme de 4.000 francs qu'il fallait qu'il versât dans un quart d'heure, sous peine de voir sa maison brûler.. La victime de ces barbares leur demanda en vain jusqu'au lendemain pour leur compter les 4,000 francs qu'ils demandaient ; pour toute réponse, le quart d'heure étant écoulé, les officiers firent mettre le feu aux quatre coins intérieurs de la maison.

La propriété et le mobilier furent entièrement consumés, la perte s'élève à plus de 10,000 francs.

Le même sort attendait le curé de Neuville ; celui-là fut traîné dans la boue, et les soldats qui le frappaient lui dirent que s'il voulait obtenir sa grâce, il n'avait qu'à leur livrer les quatre plus jolies filles du village. A cette honteuse et infâme proposition le prêtre, vieillard de 75 ans, leur cria de continuer leur œuvre barbare et de le frapper jusqu'au trépas s'ils le voulaient. Alors ces lâches soldats se ruèrent sur lui et le laissèrent sur la place, pour ainsi dire mort d'indignation et de douleur.

Il est impossible de dire tout ce que ces misérables ont fait dans cette malheureuse commune de Neuville : ils ont pillé, volé, assassiné et surtout violé de pauvres femmes, dont je connais les noms, mais que je tais par égard pour ces infortunées.

Ce n'est pas tout ; avant la prise de Rocroy, le 3 janvier, plusieurs soldats sont entrés chez un meunier de la commune de Léchelle. Celui-ci était avec sa femme agée de 35 ans et sa fille de 15 à 16 ans. Le meunier, croyant pouvoir se débarrasser de ses terribles visiteurs, leur donna du vin autant que ceux-ci purent en boire. Mais le but qu'il s'était proposé ne fut pas atteint et sa générosité tourna contre lui.

Les soldats énivrés, excités, se jetèrent sur le meunier et l'attachèrent par les poignets, à l'aide d'une forte corde, à l'espagnolette d'une croisée. Pendant le temps que quatre soldats avaient mis à cette opération, les autres soldats avaient retenu les deux femmes qui voulaient s'échapper. Puis, c'est horrible à dire! ces hommes sans cœur ni âme, sans pitié ni merci, ont tous violé la mère et la fille devant l'époux, devant le père!!!

L'imagination a peine à concevoir de pareils forfaits, et si je ne tenais pas ce fait d'un habitant de la commune, homme fort honorable et estimé qui a pu s'échapper, je croirais rêver un de ces rêves horribles, qui brisent le corps et qui tuent l'âme!

Une autre fois, c'est un officier de francs-tireurs qu'ils ont hâché par morceaux! Littéralement *hâché*. Le fait s'est passé à Remogne (Ardennes).

Maintenant nous en sommes aux récriminations. Le ministre du roi, pieux barbare en même temps, accusé de prêter les mains aux coupables soldats allemands qui bâtonnent et assomment les citoyens français inoffensifs, est allé chercher dans des publications fantaisistes de reporters anglais et américains l'énoncé de vingt-et-un cas où les Français auraient tiré sur des parlementaires et trente-et-un cas où ils n'auraient pas respecté la convention de Genève.

Ainsi vous entendez bien, vingt-et-un cas d'une sorte et trente-et-un de l'autre; pas un de plus, pas un de moins.

On se souvient qu'au début de la guerre, alors que le roi de Prusse combattait Napoléon III, la presse anglaise, le *Times* surtout, et la presse américaine, inspirée par le parti allemand qui, dit-on, domine à Washington, n'avaient pas assez de fiel et assez de calomnies sous leurs plumes pour attaquer la France.

Les journaux belges, à cette époque, faisaient chorus avec les reporters transatlantiques et d'Outre-Manche.

M. de Bismarck, en citant sans indiquer, comme de juste, ni les lieux, ni les époques, ni les circonstances où les faits qu'il ose avancer se seraient produits, ne sort pas du cercle vicieux qui l'entoure ; il vit toujours dans son atmosphère de perfidie, de cruauté et de déshonneur.

Qui espère-t-il tromper, ce menteur émérite? Je lui suppose assez d'esprit et assez de jugement pour savoir à l'avance qu'il ne donnera le change à personne, à personne absolument, pas plus en Allemagne que dans le reste de l'Europe ; mais comme il faut toujours répondre à une accusation par n'importe quoi, il accuse à son tour pour se disculper et cela clôt le débat.

Le *Times*, qui a viré de bord depuis l'époque où il enregistrait aveuglément et sans contrôle les faits à la charge de la France, vient d'insérer une lettre dont les détails font frémir.

Cette lettre, signée de M. Marcel, propriétaire à Chassey (Haute-Saône), rapporte que, le dimanche 23 décembre, des hulans se sont présentés à Chassey et ont voulu faire des réquisitions exorbitantes pour les ressources de la commune.

Un vieillard, digne et inoffensif, a osé leur résister.

Ils prirent alors ce malheureux vieillard, le garottèrent solidement avec des cordes (ces gens-là ont toujours des cordes dans leurs poches) ; puis l'un d'eux mit le feu à la maison de leur victime et sous ses yeux.

Quand le feu eût acquis un degré d'incandescence suffisant, ils poussèrent avec leurs baïonnettes et leurs sabres le pauvre homme au milieu des flammes, où il ne tarda pas à trouver la fin de ses maux. . . . .

. . . .

Que sais-je, les crimes abondent, fourmillent, et la justice de Dieu ne frappe pas encore les êtres dégradés qui dirigent, qui ordonnent et qui exécutent ces horribles forfaits.

J'en ai dit assez sur les horreurs qui se commettent en France, en dehors du cours régulier de la guerre, je dirai encore seulement quelques mots touchant les massacres, les misères et les douleurs, dont le criminel orgueil de Guillaume et la sanglante ambition de Bismarck sont la cause.

Ainsi les armées allemandes ont perdu, depuis le commencement de la guerre, plus de cent mille hommes, tués par la mitraille et la maladie; il faut compter 250,000 blessés au moins. Ajoutons que presque chaque nuit passent à Verviers (Belgique), des convois spéciaux, chargés de soldats aveugles, de soldats *glacés*, de soldats aliénés.

La misère est grande en Allemagne, elle est même plus grande qu'en France.

Le commerce y est nul ou à peu près.

Les défections dans certains corps d'armée se manifestent de jour en jour. Dans la première semaine de janvier, le roi de Prusse a fait fusiller dix-sept officiers bavarois qui avaient refusé de combattre; on dit même qu'il en a renvoyé en Allemagne quarante-trois dont il redoutait la rébellion.

Cet homme, que le génie du mal semble guider et électriser, marche sur un terrain semé de cadavres et tellement ensanglanté, qu'à chaque pas qu'il fait son pied trébuche, glisse et s'enfonce!

Ah! Guillaume, poursuis ta marche infernale! mais ne t'aventures pas trop loin, car il y a des barrières que les plus audacieux ne sauraient franchir! Jettes un regard sur tes propres États; vois ce que deviennent tes peuples au milieu de tes grandes victoires!

Vas donc demander, roi aveugle, aux SOIXANTE-DIX

MILLE VEUVES et aux CENT CINQUANTE MILLE ENFANTS, qui aujourd'hui n'ont plus de pères, si leurs cœurs s'élèvent à l'unisson vers le diadème impérial dont tu as orné ton front ! Mais non ; demandes-leur plutôt si leur joie n'éclate pas en sanglots, en songeant à la misère et au désespoir que tu leur a légués !

Demandes aussi aux mères, qui ont eu tant de peine à élever leurs fils, si elles sont radieuses et fières en voyant les drapeaux français appendus aux murs des arsenaux de Berlin, et si, en contemplant ces glorieux trophées, elles ont oublié que ces mêmes fils, qu'elles ont tant de fois pressés dans leurs bras, sont morts sur la terre étrangère, privés de sépulture, en appelant à leur secours ces mères chéries qui, hélas ! ne les reverront plus !

Si tu faisais cette demande, roi superbe, la réponse pour toi serait foudroyante.

Mais les mères, les veuves et les orphelins ne peuvent pas exprimer leur désir, leurs volontés, leurs douleurs et leurs espérances devant les Parlements : la politique leur est interdite ! Aussi, Guillaume, n'as-tu rien à craindre de ces êtres faibles et chétifs. Poursuis ton chemin ; il te restera encore assez d'hommes sans cœur pour étouffer les cris des malheureux sous le bruit formidable de leurs chants guerriers et pour acclamer tes honteux triomphes !

L'avenir, un avenir glorieux pouvait t'appartenir ; tu l'as détruit : tu as terni ton blason après Sedan ; ta gloire éphémère tombera dans l'oubli, on ne se souviendra que de tes cruautés ! Quant à Bismarck, ton âme damnée, son nom sera buriné dans les archives humaines, à côté de ceux des doges de Venise, des inquisiteurs espagnols, des Cromwell, des Machiavel et des Mourawiew !

Poursuis ton chemin à travers ces champs désolés qui rappellent le cahos ; soutiens-toi bien sur cette terre mouvante ; appuies-toi solidement sur le bras de Bismarck ; attaches-toi à lui, car désormais vos destinées sont égales !

Unis dans le massacre, unis dans la victoire, vous serez unis dans le châtiment! Avancez donc tous deux; avancez toujours! le gouffre est là! béant et profond! Il vous attend, il vous réclame, il vous attire! C'est en vain que vous chercherez à l'éviter. Je vous le dis : il est là, là sous vos pas; et le nom terrible qu'il porte, ce gouffre que vous n'avez pas voulu voir, est un nom affreux, implacable, sans merci ni pitié, un nom qui ne comporte ni paix ni pardon : il s'appelle la *Vengeance!*

N'espère pas, cruel et ambitieux monarque, que les ressentiments du peuple français, trouveront leur dernier assouvissement dans cette lutte suprême, dans ces combats titaniques, dans ce déluge de sang. Non! Comme l'abîme appelle l'abîme, ainsi le sang appelle le sang, et la semence jetée dans les sillons français, creusés par tes boulets, n'enfantera que des moissons vengeresses !

> Germains, des crimes de vos pères,
> Le ciel punissant vos enfants ;
> De châtiments héréditaires
> Accablera leurs descendants.

Guillaume, ta couronne d'*empereur* sera bien lourde à porter; le fatal rocher de la force et de la violence retombera sur toi; la mère affamée qui voit mourir son enfant sur ses mamelles taries criera aux survivants : " Souvenez-vous! " Chaque meurtre humain est gros d'un serment de représaille. Les pierres des foyers crieront elles-mêmes vers le ciel : *Lapides ipsi clamabunt.* Et nos enfants, Guillaume, grandiront dans la colère, la haine et la *vengeance!!!*.....

Maintenant, sus aux Allemands !

Cette brochure aura deux parties. La deuxième sera publiée très-incessamment.